im leuchten der stille – ein lächeln

ANNEKE POLENSKI

im leuchten der stille – ein lächeln

lyrik & kurzprosa

Bibliografische Information der Deutschen Nationalbibliothek:
Die Deutsche Nationalbibliothek verzeichnet diese Publikation in der
Deutschen Nationalbibliografie; detaillierte bibliografische Daten
sind im Internet über dnb.dnb.de abrufbar.

Verlag: BoD · Books on Demand GmbH, In de Tarpen 42, 22848 Norderstedt
Druck: Libri Plureos GmbH, Friedensallee 273, 22763 Hamburg

ISBN: 978-3-7597-8362-2

Hozhong*, ein Wort aus der Sprache der Navajo bedeutet Schönheitsweg und meint:
Schönheit ist ein innerer Seinszustand aller Wesen.
Dieses Erkennen und Erleben verdanke ich den Lehren der amerikanischen Ureinwohner, den Navajo, deren Zeremonien ich beiwohnen durfte. Sie teilten ihre Lehren großzügig mit uns weißen Menschen, vermittelt durch die schamanische Medizinfrau und Botschafterin Arwyn Larkin Dreamwalker aus Arizona.
Trotz all dem Schmerz, der Ihnen durch den weißen Mann zugefügt wurde, erkannten sie die Zeichen der Zeit: der Austausch des alten und modernen Wissens ist wichtig und dringend und muss unabhängig sein von Geschichte, Hautfarbe und Kultur, um j e t z t zu geschehen.

Daher danke ich Großmutter Elsie und ihrem Vater, dem Navajo Ältesten Tom Wilson sowie Flowerin Tree und Arwyn Larkin Dreamwalker, Medizinfrauen und Lehrerinnen aus Arizona von ganzem Herzen.
Ich danke den Bäumen, die ihr Holz als Papier uns herschenken. Mögen wir sie beschützen in dieser Zeit. Ich danke all den Tieren und Pflanzen, Steinen und den Elementen, die die Sprache von Mutter Erde sind. Ich danke den Menschen, die der Erde in dieser Zeit eine laute oder leise, sanfte Stimme geben. Poesie ist ein Weg, meine Stimme in dieser Zeit zu finden.

---

* Hozhong (aus : Wind des Lebens Licht des Geistes von Peter Gold, S. 41)

Und ich bedanke mich besonders bei all den Menschen, die mir geholfen haben, dieses Buch in die Welt zubringen. Ich danke meinem Mann Bernd-Uwe für seine Geduld und tatkräftige Unterstützung. Die motivierende Rückmeldungen von den liebevollen Weggefährtinnen Claudia Hüsken und Bärbel Burfeind waren mir wichtig, danke.

Ich danke meiner so inspirierenden Freundin, Thai Chi Lehrerin und Künstlerin Coby Körber, deren wunderschönen Werke in diesem Buch aufleuchten. Für die digitale und geduldige Unterstützung danke ich Manfred Körber. Der Autorin Ilse Behl gebührt Dank für ihre wertvollen Hinweise zur lyrischen Sprache. Und zuletzt erfreute Max Prosa mein Herz, danke für den kleinen Sommerfunken und Anstoß, das Buch j e t z t herauszubringen.

EUCH ALLEN SAGE ICH DAHER DANKE!

Anneke Polenski
Kiel, Herbst 2024

im leuchten der stille –

– ein lächeln

Vorwort

»im leuchten der stille – ein lächeln«

Ein jeder hat ein Lied, das gar kein Lied ist:
Es ist ein Vorgang des Singens,
und wenn du singst, bist du, wo du bist.
(Zitat John Cage)

Das Leuchten in der Stille ist ein Versprechen der Natur. Ihr Lied.
Wir finden dieses Lied in ihr und damit in uns.
Es ist, als wenn Du einen Garten betrittst, inne hältst
und hinter jeder Blume, jeder Wurzel, jedem Kraut, jedem Baum
dieses besondere Leuchten wahrnimmst.
Dieses Leuchten gab vielen DichterInnen schon immer den
Wunsch, Worte zu finden.
Und sie fanden die Poesie, die zugleich die Stille und das Leuchten
enthält. So geschah und geschieht es auch mir.
Ich möchte Sie einladen, mich auf meiner Reise zwischen dem In-
nen und dem Außen zu begleiten, auf den Spuren der Worte, die
ich dafür gefunden habe.

In diesem Sinne ist *»im leuchten der stille – ein lächeln«* eine Fortset-
zung meines zweiten Gedichtbandes *»blaue feder singt«*.
Ich wünsche Ihnen eine schöne Reise ins Leuchten der Stille und
des Seins. Mögen Sie immer wieder ein Lächeln finden.

Anneke Polenski, Kiel, den 21.09.2024

melodie der stille

stille kann tragen, halten, nähren,
warum haben so viele menschen angst vor der stille?
die stille ist meine verbündete, meine freundin
die stille läßt mich über die wasser gehen
läßt mich postkarten malen, gedichte finden, schreiben
sie hat sogar eine melodie, wenn man genau hinein lauscht
nein, das ist nicht paradox, sondern ihr geheimnis

Kiel, August 2024

das lächeln
der seerosen

nackt
steige ich
in das
leuchtende auge
des sees

zwischen seerosen
bin
ich

halte inne
um mich
selbst
zu berühren
in der tiefe

unergründlich
mein grün

der wald lauscht

Westensee, Juni 1990

winterstille

birkenweiß

der winter

die krähe und der see

feine eisspuren

erlenstill
bleistiftgeäst spiegelt sich

fußspuren am schilfrand
aufgetaut

wasservögel landen

ich bin der see
sammele sie alle auf meiner haut

es atmet das wasser
zwischen augenlicht und horizont

birkenlichtig dieser wintertag

alte sehnsucht
himmelwärts

lässt mich weiterreisen
in die winterstille

Uckermark, 03.02.2013

11

die ahnen schauen auf uns

schwitzhütte

kälte tanzt mit feuer
der schnee
schmilzt
herzrot

ein bussard erhebt sich
in die nachtluft
sternenflügel

an den spitzen
glänzen
eisdiamanten

im kreis die
ratsfrauen
ihre weißen flügel
schattenbeweglich

der rasende zeitgeist
beruhigt sich
trinkt aus dem kelch
der stille

mit heugabeln
heben hände
die glühenden steine
aus dem feuer

ihre augen
glänzen
im licht
des feuers

gehalten
in der gebärmutter
der ERDE
dunkelschwarz
gräbt sich
wispernd
das glühende
steinvolk

schweißtropfen
erzählen
unsere geschichten

die mondin
heilt

im gras dann
atmen
die körper
erfüllen
das nahe erdreich
mit ihren
zarten
traumwogen

Krummendeich, Elbe 01.02.2014

küstenlinie

jeden tag zeichnet das meer eine neue küstenlinie
nachts beginnen die linien zu träumen:
das summen der dünen, der helle möwenschrei, der einsame
schwimmer,
ein roter rettungsring
die schattenhaare der frauen im wind,
erdbeereis auf den lippen
die vielen kinderstimmen
winzige segelboote am horizont,
weiß gewaschenes treibholz und kieselsteine mit antlitz
all das träumt sich in die küstenlinie hinein,
der wind, die wellen, die lüfte und wolken weben die linie neu

am nächsten morgen
ein tischtuch aus dunst breitet sich aus
jedes mal ein anderes muster hineingestickt
formen und zeichen leuchten auf
bevor der tag beginnt,
und die menschen, die stimmen, schatten,
neue spuren hinterlassen

ein ewiger kreislauf

26.05.2024 Heidkate

der krug

das dorf
stumm
wintergrau
unsere schritte
auf dem weg
als gäbe es
nichts buntes
zu erzählen

horizontlinien
erdschichten
tief eingebrannt
im ton
der uckermark

die töpferin
mit weißen händen
im roten ton
ihr krug
erzählt die geschichte

der tag
legt sich darin
zur ruhe
am ende
der kleinen
wanderung

im abendlicht
halte ich
meinen krug
mit seiner fülle
über den see

die sonne wandert mit
ihren farben
über mein papier

08.12.2014 Oberuckersee

uckermark

wir aßen
den hirsch
den niemand sah
außer der jäger

das dorf
lebt nur halb
die andere hälfte
wartet auf den
sommer
der großstädter

eigene räume
verwurzeln sich
bei denen
die stille
empfangen

09.12.14 Oberuckermark, Warnitz

wie eine muschel

und dann gibt es diesen kreuzungspunkt
zwischen äußerer und innerer stille

da findest du das geheimnis

du kannst es aufsammeln wie ein muschel vom strand
hineinlauschen
den schimmer des perlmutts berühren
das salz des werdens und vergehens schmecken
und erfahren, wer du bist

in der stille wirst du ernten
viel ernten
lass dich überraschen von all der farbe
die dir gehört

30.08.2024 Kiel- Kitzeberg

Magnolienspiel

sommerfülle

trinken wir uns satt
damit kein
trockener durst
uns quält
im herbst

lass uns
auch ein lied singen
wie die amsel
hell
und
frei

12.06.2024 Rügen

Sacrower Eiche

schnee
versteckt
tausendjähriges
wurzelwerk
wie spinnenbeine
liegt
das gefallene Geäst

ihre hände
ins wintergras
gegraben

es summt die zeit
im borkigen stamm

unzählige sternenlichter
getrunken
verewigt
alter jahrhundertwein

vom leben
widerhallt
die mondin
am himmelsbogen

ich male ein lächeln
in meine offene hand

wie eines ihrer letzten blätter
nimmt es
der abendwind
weht es
zu IHR
hin

etwas lächelt
zärtlich
zurück

24.02.2015 Potsdam/ Sacrower Park

schattenreise in die sommerfarben

schwarzer falter

der sonnenuntergang
im feurigen brautkleid

dem trunkenen sommer
ein liebesgeschenk

die nacht
dann
ein schwarzer
falter
samtig
sternenbestickt
seine flügel

lautlos

an dieser naht
zwischen tag und nacht
atmen wir
immer wieder
ahnungslos

ich entzünde
die roten kerzen
kleine abendlichter
um den sommer
zu verabschieden
denn der falter
sitzt schon
auf meiner hand

11.09.2023 Kiel-Kroog

nacht-igel

laue sommernacht

ein nacht-igel
entlang
der schattenränder

hervorgelockt

meine geste
fällt auf ihn

er zuckt zurück
verschwindet
in seiner stachelkugel

ich weiß
wir hören beide
den nächtlichen gänseflug

gesichter

sommersprossig nah
dein lachen

im blauen meereskleid
mein kuss

die alte reetdachscheune
schläft
im tiefen efeubett
schief ihr blindes gesicht
sie schaut uns nicht

nur ein motorrad stöhnt
unten auf der straße
vom weg abgekommen
die töne
verzweifelt
nah
fast menschlich

12.06.2024 Rügen

rosenknospen

das reh in der dämmerung
rosenknospen zittern

schmale pfade
von garten zu garten
wellseepfade

auf dem wasser
die rufe der gänse
bis in meine nacht hinein

mondlichtschimmern
auf dem wasserkrug

ich trinke sommersüsse
im schlaf

das reh in der dämmerung
rosenknospen zittern

mein herz auch

Kroog, Wellsee, 15.07.2023

junigras

in rätselhaften
unsichtbaren kreisen
wächst das gras
mir nach
wohin
ich auch
gehe

das kitz
springt
aus dem weizenfeld
in die höhe
schnellt
mit leuchtendem honigfell
hinauf
zum treibenden
wolkenmeer
tiefblau
der himmel
wo es keiner mehr
sieht

12.06.2024 Rügen, Lauterbach

lyrischer sommer

wohin ich auch gehe

rosen steigen

juni
rosen steigen dir aufs dach
die stare hüpfen über deine wiesen
hier und da ein blaues winken
zwischen den büschen

das meer

ein amselschwarzgesicht
gelber schnabel
zwischen den steinen
fragend?

die katze
ja, fern,warm und eingerollt

komm komm
kleiner vogel
ich lache dich an
voller sommer

bei mir bist du
sicher

12.06.2024 Rügen

an der steilküste

wolkenstille
es ist warm, fast schwül mit einer leichten,
kühlen brise vom meer
seidiges meeresrauschen geatmet aus der tiefe
inniges tasten meiner hände im moos. hat weichheit einen klang?

gestern noch sturzbäche – der regen heute verhallt, versickert.
waschtag der natur
darüber weben sich stimmen,
freundliche frauenstimmen nähern sich

ein räuspern klingt auf, dahinter rascheln hunde,
fast unhörbar und leise.
weiche pfoten auf dem feuchten erdboden,
die nasen auf spurensuche.
ein mensch, erhaben aufgerichtet über ihnen,
aber seltsam wackelig auf seinen
zwei stelzen hier in luftiger höhe,
wolkennah der kopf, die leine straff, wer führt wen?

winzige schwarze spinnen wandern über die roten
leinenblumen in die falten meines kleides
kann man ihr krabbeln und klettern hörbar machen?

jetzt ist es seltsam still, vogelstill.
in der ferne kinderlachen vom strand herauf
echos, schwer zu orten.

ich sitze auf dem rest einer gewaltigen buche,
sie hat sich dem dem verfall ganz hingegeben.
die farbe des zernagten stammes ist erdbraun und tiefschwarz.

wieder läuft eine winzspinne über mein kleid
und verschwindet im tuch.
ich throne breit und schwer auf ihrem weg.
nachher muss ich mich ausschütteln.
was da wohl alles aus mir und meinem kleid herausfällt?
der stoff flüstert mit meiner haut – ich lausche

es gibt einen kaum merklichen hall zwischen
himmel und meer, unten und oben
wolkenweit

»das sieht auch schön aus!«eine
männerstimme kategorisiert vorab
die wahrnehmung seiner begleiterin.
ihr gehauchtes ja nähert sich,
verharrt, schwebt über dem abgrund.
gesprächsfetzen plappern aus einem anderen universum

ich wechsle den platz, flüchte vor den stimmen,
die alles besetzen und besitzen – setze mich
sehr nah an den rand der steilküste.
beinebaumeln – hin und her
hier klingt das meer viel deutlicher, vom echo wie befreit.

die gräser scheinen mitzureden, elfisch-fein.
alles spricht.
philosophierte nicht einst Heraklit: alles fließt – panta rei?
es ist dasselbe, denkt ein echo in mir:
alles fließt
alles spricht

das grün und blau schaut mich staunend an:
wie lange ein mensch braucht, um zu verstehen,
was ihnen den feinen kleinen farben seit ewigkeiten vertraut ist

13.08.2023 Steilküste Schwedeneck

augustregen

libellen ruhen
unter schwimmenden blättern

wassertropfen fallen
gesang
im schattenlicht

gründunkel der teich
hummelstumm die lüfte

wolkenbruch

unter dem regenschirm
mein innehalten,
warten

trommelschläge aus wasser
auf dem boden

die blütenköpfe neigen sich
nässeschwer

augustregen

meine augen malen wasserringe
ich entspanne mich
erblicke
versteckte seerosen

sie blühen
ohne gesehen zu werden

für menschen schmerzlich
für pflanzen ein königreich
zu SEIN

17.08.2023 Kroog/ Wellsee

städterin

die stadt wummert
lastwagengekrümmt
die straße
sie brummt

mein ICH im stau
entwindet sich
flieht in den wald

das gedankenkarussell
verlassen
gehe ich queerbeet
fernab der wege
auf den futterspuren
der wildschweine
im aufgewühltes
erdreich

novemberbäume

meine augen
tauchen
zwischen den ästen
ihr rot und gelb
auf den wegen

seltsam verfremdet
die echos
der stadt
zwischen
den zweigen

der wald
eine baumkuppel
mittendrin
eine melodie

zwei schwarzspechte
umtanzen
den baumstamm
ihr morseklopfen
im holz
ein neues echo

jetzt bin ich da

Berlin, 11.11.2020

tütenlos

totbaumholz
immer wieder
nützlich

ein holzwurm
schreibt
seinen brief
in den nackten
stamm

wer wird ihn lesen?

hier leben
andere
nicht wir

rätselhaft

eine bierflasche
ein überbleibsel
von uns

wir müssen
überall
markieren
wir menschen

heute sammel ich
die nicht auf
denn ich bin
tütenlos

11.11.2020 Berlin

zerbrochene Stille

»there is a crack in everything, that's how
the light gets in« – Leonhard Cohen

verlorener

uraltes sehnsuchtsblühen
unter meiner haut

blätter vereist
schneiden
den schmerz in die brust
so dass ich
im auffliegen
des vogelschwarmes
meine traurigkeit
über den himmel
male
wie über die haut
des geliebten

leer meine hand

Kiel, 28.11.1990

mit dir

wenn ich den alltagsasphalt gehe
leuchte ich

die zeit ein dünnes blatt papier
ich zerreiße es
mit dem gedanken an dich

Kiel, 02.12.1985

entseelt

aufgeblähte
regenmäntel
körperlos

gestalten wandeln
ohne sich
im irgendwo

handleere gesten

digitale liebkosungen
keine
finger-
abdrücke

Tok Tok
knarrende Türen
verraten
niemanden
mehr
Tik Tok
alles

12.01.2023 Kiel

hoffnung

das blut
der frauen
rot
wer auch immer das bild malt
wessen kinder
auch weinen
hunger
bleibt hunger

ich blättere
die zeitung des tages
auf
wieder lese ich
über
des nachbarn unglück

im traum war ich
neidisch
und ohne hand

das heute
will ich bereisen
voller sehnsucht
nach wilder
stille

autobahnbänder
grelle rücklichter im haar
strafen
meine sehnsucht

auch die toiletten
mit musik
machen es nicht besser

felder
im morgennebel

hoffnung durch handeln
wartet auf mich

Berlin 12.10.2014

Kobane

im roten
blut

schmerz
vertieft

erblüht
die schwarze rose
der kriegerin

das schwert
in der mitte
die kindermörder
zu rächen

keine der 1000 jungfrauen
im himmel
wird diese
falschen helden
erhören

Münster, 12.10.14 *

---

* Auf der Rückfahrt von Münster hörte ich 2014 in einer Radiosendung : *das Schlimmste für einen ISIS Mörder ist es, von einer Frau getötet zu werden, daher gibt es in Syrien Soldatinnen, Kriegerinnen, die nur ein Ziel haben, einen ISIS Mörder zu töten.*

Dear Ukraine,

I think

of you

all the time.....

tanz der dämonen

schubladen blättern
vergangenheiten hervor
irgendwo
in der tiefe
dort
ein flüchlingsausweis
meiner großmutter
aufnahmegemeinde *Flintbek*
2015 und 1945
die jahre blicken sich an
fragezeichen kritzeln schatten
auf mein dünnes briefpapier
willkommenskultur
zerbricht an pegidamentalität
und gutmensch-sprachlosigkeit
kann man ängste benennen
ohne schubladen ethik?

noch vor kurzem
ein hitlerbärtchen
unter der nase der
bundeskanzlerin
mir ist nicht zum lachen
die projektionsfiguren
drehen sich immer schneller
im vorurteilskarussel
kalter wut
bis uns allen schwindelt

wie steigt man da aus?
und
wie weich ist das sofa noch,
wenn flüchtlingsheime
im wochenrhythmus
tagesbeschaulich
brennen

mir schaudert

wohin zieht das kollektiv heute?

die kälte dieses winters
fürchte ich nicht
wohl aber die kälte
der herzen

Berlin, 22.11.2015

berlin – obdachlos

gestern
schmerz-grau
die siedlung
wie ein trauerfall,
wer ist der gestorbene?
niemand
wirklich
niemand
zu sehen
heute
die augen
lockern sich
morgen ist montag
alte lumpen
bedecken die häuser
wohin wandern wir?
in den händen
brüchiges papier

Berlin 17.01.2016

kreißsaal geschlossen

baumarkt
storchenparkplätze
lichtschwache
geburtsorte
taxikinder ihre namen

wieder ein menschenkind
im staub
des vergessens

geburtshäuser
wie ferne planeten

in den lücken der zeit
das rasende WIR
medienzermalmt

in den händen der hierarchie
kaiserschnitt
kalendergetaktet

erinnerst du dich?

wir haben zwei hände
den müttern zu reichen

und einen korb
zu flechten
für den wärmenden
halt
dem winzigen
menschenkind

12.11.2023 Kiel Kroog

55

leere

die schalen sind leer
bevor wir getrunken

wir sind es, die sie ausschütten

dann schauen wir uns um, sehen die fülle der anderen,
schmecken unsere leere
und stoßen die schalen der anderen um.
weil wir es nicht ertragen,
dass wir uns selber geleert haben.

Kroog 15.05.2024

ein blatt um zu heilen

die nacht

ihre schwerkraft

der schrei

ich lege die schrecken
der anderen ab
eine feine schicht
die nicht meine ist

dennoch

es ist
wie ein feiner riss
in der seide
eine laufmasche
des lebens

ich pflücke
ein blatt
um zu heilen

und gebe dir
eins ab

Kiel- Kroog, 24.07.2024

unser gemälde

wir trinken die leere
weil ein anderer unser leben gemalt hat

wir verpassen unser gemälde
in dem all unsere wege aufgezeichnet sind.

blind tasten wir jenseits des bilderrahmens
dort wo sich die wände kalkweiß und kalt anfühlen.
taub warten wir auf die erlösung durch andere.
und ja, sie rufen eindringlich, beschwörend, verführend
all die falschen wege
sackgassenblind folgen wir

der krieg soll alle erlösen.
die seele weint
die kinder auch
die – die noch alles vor sich haben,
pur, sehend, fühlend, lauschend ahnungslos
die erde ein erschreckendes reiseziel

tumult oder schweigen?
beides ist nicht der weg.

die stille zeichnet dein gemälde
in dem du alles findest.

Kiel-Kroog, 15.05.2024

die menschheit

man wähnt mich verklärt,
doch die wirklichkeit belügt die wahrheit:
es scheint, als kann der mensch nur sehen,
was er sehen will.
immer, immer haben wir die wahl,
trunken zu sein in der liebe
oder trunken zu sein im leid

wir füttern uns selbst,
dabei verhungern wir
wie die anderen.

verhungern soll niemand mehr
ob wir das schaffen?
ein leuchtendes ziel von dem die sterne
der klaren nacht erzählen

Kiel- Kroog 14.05.2024

die liebe wächst rosenstill

in deiner hand

liebster – kämst du diese straße entlang

meine tücher würden fallen
wie schnee

nackt die brust

und mein herz rot

pochend

in deiner hand

Kiel, 02.12.1985

aus meinem haar

ich habe ein wiegenlied gefunden
als du träumtest
zärtlich zähle ich die reime
bis du erwachst
flechte einen ring
aus meinem haar
und stecke ihn dir an
vogelgleich gleitet meine hand
über deinen see

sehnsucht im traum erweckt
hinüber zu dir geweht

mit einem lufthauch erwachst du
und ich leuchte dich an
rufe das blau zu dir
zärtlich

trinken wir
trinken wir, liebster
das leben aus einem kelch
früchte zu gebären

unser liebestrank

Berlin, 15.02.2015

dann bist du

sternenaugen habe ich dir gemalt
verwischt sind sie im schweiß unserer körper

als wir mit den händen
in das schilf unserer nähe fuhren

ausgehoben hast du meine apfelfalten
mit dem spaten deiner ruhe

mitten auf dem weg
lächelst du mich ernst

Hamburg, 21.11.1985

liebesgedicht an einen clown

die hand
der rose
lugt
zart
aus deinem knopfloch

dein hut sitzt schief
wie ein schwarzer rabe
auf seinem nest

dein aftershave
dem
atem des sees
stibitzt

komm

male mir
einen kuss
mitten
auf den bauch
damit ich
der rose
gleiche

Berlin, 30.01.2014

frühlingslust

mein seidenschal
im wind
die heckenrose
im haar

oh, mein herz
harziger nadelduft
die jungen
tannenspitzen
wippen
vor lauter himmelslust
schöpfen wir atem
nach einander
bis die lichtung
voller lust
und kleiderabstreifen

schnell legst du mir
bauch an bauch
dein leben
in den schoß

sprösslinge zittern ins grün
ob der förster kommt?

wir blättern
auseinander

ein rehauge
erblickt
mein wangenrot
im frischen moos

Schwedeneck 25.05.1990

rotmohnclown

du lächelst
das rapsfeld gelb

deine grübchen im acker
sind tief und
voller schwerer erde

eine grüne frau pflückt
dir einen blütenstiel
zupft rotes blatt
hauchdünn
von ihren lippen

sanft legen
pflanzenfinger
ein mohnblatt
auf deine nase
damit der sommer
bleibt

oh, da!
ein wind

wo ist deine rote Nase hin?
hinweg geweht!

Berlin, 30.01.2014

heuschwer

wo bin ich jetzt
ganz tief in mir?
wo die berge, wo die täler?
wo ich?

die luft ist kühl
mit einem fernen hundegebell

um mich herum
duftet der
lavendel-jasmin und die rose
eine autotür schlägt zu
fremde stimmen
in mir

wie ein mond
geschnitten
und wieder zusammengefügt
die runde sichel der nacht
meine augen bei dir
ich kann sie nicht aus diesem abend nehmen
bin an seinem leuchten haften geblieben
an dem wunsch nach nichts anderem
als dieser nacht
endlos mit dir
wo?
in mir!
liebster

22.08.1982 Chinon, Usse Frankreich

luftige kleider trotzdem

ich hülle mich ein
in luftige kleider
aus vogelgesang

es hilft mir
den strudel
der ängste
wabernde drohungen
gewaltiger gedankenwindberge
zu umschiffen
die die segel
in falsche richtungen wirbeln

ich spinne mir eigene fäden
hellgrün wie die wiese
blau wie der himmel
blütenrankengelb
wie der frühling
um mein herz
webe ich
eine feine bunte
hülle
damit
ich atmen
kann
und mit anderen lachen
aus den fenstern
von den balkonen
schallen musik und lieder
wir lassen uns nicht trennen
nicht jetzt
denn
wir sind der moment
der zählt

Berlin 20.03.2020, coronakrise

SPIRIT

&

WEGE

»wer widerruft jubel?« (Rilke)

die kühle des morgens einlassen,
noch sind die träume nackt,
sanft legt sich ein morgenstrahl auf sie

im ostlicht der tag noch unverbraucht
gedanken tagesfern im kokon
krähen blauschwarz im tiefen grün des gartens.
hohe strenge wächter die tannen

»wer widerruft jubel?«
ich ummantel mich mit *Rilkes* stimme
das fenster weit offen
unten
der alte gartenstuhl im dickicht
ein thron der unsichtbaren

heute will ich mich anders bewegen in mir
den apfel der sinnlichkeit
in der einen hand
in der anderen den morgentau
das buch des lebens will ich öffnen,
mit dem sternenstaub
der nacht bemalen
die farbpalette vor mir
fein abgestimmt im licht
von den lachenden farben
zu den tiefen, traurigen

und wieder zurück
zurück ins weiß
den anfang finden
so neu wie dieser tag

»wer widerruft jubel?«

vogelstimmen hängen ihre melodiösen stimmen
in mein gezweig
spinnen zaubern netze in das sein
zaubern kann man nur aus der tiefe seiner seele
muschelbedeckt der umschlag eines buches
noch nicht geschrieben
riesen weilen in meinem garten,
sie horchen in
meinen nächtlichen traum hinein

»wer widerruft jubel?«

Berlin, 01.06.2020

goldstift mit nixe

nixen
in dem blauen meer
der tinte

manchmal wandere ich
mit ihnen
am meeresboden

wir sammeln
regenbögen
aus perlmutt
spielen
mit den luftblasen der wale
durchschwimmen
den schatten der rochen
lassen uns
von den mondstrahlen
der nacht
pflücken

ins wasser gewebt
die seepferdchen
tupfen an den augenlidern
alter walgesichter
werden zu tönen
zu unterwassermusik

der goldene stift
ist mein rettungsanker
in all der flüssigkeit des seins

die ankerkette des lebens
geht schwer in die Tiefe
ich hangele mich an ihr hoch
bis die sonne mich blendet

der goldstift
die magie meines seins

Berlin 27.10.2020

der milan

der milan zeigt uns
die weite des himmels
wie können wir ihm folgen?

durch dankbarkeit

der gesang der gräser
zeigt uns den frieden der erde
wie können wir ihn finden?

durch dankbarkeit

die alte weide zeigt uns
die tiefe des herzens
wie können wir sie spüren?

durch dankbarkeit

09.09.2023 Kiel- Kroog

der lebenskoffer

der tod
der mir meinen liebsten nehmen will
bald im irgendwann
hat mich heute nacht besucht
er brachte einen dunklen koffer

schau hinein

ich versank bei seinem anblick
in die flatternde tiefe
meiner Ängste

ein koffer
voller briefe erwartet dich

sprach der tod

ich sah vorsichtig
hinein

sah die briefe
die wir uns ohne stift und papier
all die jahre
schrieben

er
fragte

würdest du
dich wirklich davor
fürchten,
all die liebe
nochmal
zu lesen?

da machte ich das licht an
und sah meinen mann
der selig schlief

und ich las den ersten brief
im morgengrauen

mein mann
las im traum mit

Rügen, 14.06.2024

schwarze madonna

ich betrete das kellergewölbe der kirche
ein wogendes meer flackernder kerzenlichter rundum
höre die vielen seufzer, die füsse
die dich finden wollen
pilgerstätte der Roma und Sinti

ein schwarzes puppengesicht gaben sie dir
aufgeladen mit dem schmerz der verfolgung

wie ein kokon schicht um schicht
bist du behängt mit glitzerstoffen
das gewicht der unzähligen perlenketten
kunststoffbunt hängt schwer an dir
schmuck unzähliger bitten

das bist du nicht

schwarze Madonna
einst warst
du das gesicht der erde

bilder alter zeiten fluten mich
wessen bilder?

ich trete wieder aus dem gewölbe
sonnenlicht blendet
die hand einer bettlerin
vor meinem gesicht
ich gebe ein lächeln
und ein stück papier

und suche dich weiter

für mich hast du kein gesicht
ich höre den fluss und das meer
von dir flüstern
mir ist es beweis genug
dass du da bist
dass es dich gibt

immer

02.06.2023 Sant- Marie De La Mere/ Frankreich

der teufel

ich glaube nicht an den teufel
mag sein
dass der einzelne mensch
sein kleines teufelchen füttert
aber der teufel, der satan
wird aus dem kollektiv geboren
und regiert mit der sense der angst
unser licht

er säat die samen der verzweiflung
die schuld frisst das herz
du glaubst er hat nur dich
der schlund der gier
betrifft nicht nur dich

lasse dich leuchten
das fürchtet er wie nichts
du sprichst so den bann
direkt in sein gesicht

die wahrheit ist
dein teufelchen
ist für ihn nur
das eingangstor

das kollektiv
wir alle zusammen
sind sein hauptgericht

mutig wende dich
deinem schatten zu
das mag der teufel nicht

denk dran
den teufel gibt es nicht
und er hat auch nicht
dein gesicht

01.09.2024 Kiel – Kroog

die rinde – unser kanu

ich gehe mit dir
über das lichte wasser
die rinde unser kanu
du, die weise großmutter
die mich führt

das kind lacht und zaubert
regenbogenbälle
am himmel
sonnen antworten
mit leuchtenden wassertropfen
sie fallen und regnen
auf uns
winzige bäume wachsen heran
in ihnen schlummern die geschichten
die lieder
die ich schreibe – summe

lache du nur
über meine phantasie
sie ruft auch dich

Kiel-Kroog, 02.09.2024

gebet

musik
ein gebet
der hände

ringende
suchende
liebkosende

zeitlos

Berlin, 14.12.2024

winter

irgendwo am ostseestrand
steht ein weißes klavier aus schaumkronen
ich sehe hände im dunst
sie dichten gerade.

10.12.2014 Uckermark

der alte spiegel

was gibt er her?
was hält er fest?
was hört er ?
was spricht er ?

er ist der alte spiegel, der meine wachsenden falten kennt, besser als ich selber. er, der weiß, welche geschichte hinter meiner mimik haust.

er kann nichts verstecken, schön reden, das kann nur ich, das kann nur der mensch. spiegel bleibt spiegel, von angesicht zu angesicht leuchtet er zurück, wirft fragen auf, tanzt mit unseren vorurteilen, unseren vorstellungen. unseren wünschen.
dennoch, er ist kein richter, das bin nur ich, das sind wir. er ist nur zeuge, bleibt nie stehen, obwohl er hängt und er verliert von moment zu moment, von augenblick zu augenblick das bezeugte.

ich schaue dagegen zurück und meine etwas gesehen zu haben. halte nur die einbildung eines gesichtes zwischen dem einem und dem anderen lidschlag meiner augen, meines lebens. sekündlich gerinnt die zeit im spiegel in die blasse vergangenheit.

er lädt uns ein, wenn wir uns trauen, wenn wir ehrlich sind, zurückzukehren zu der Frage:

WER BIN ICH?

Schlei, 14.09.2024

women on fire

angst erstickt feuer
das wissen die mächte
der welt

kindesfeuer
liebesfeuer

angst erstickt feuer
das wissen die mächte
der welt

weisheitsfeuer
herzensfeuer

angst erstickt feuer
das wissen die mächte
der welt

erdenfeuer
sprach- und wortfeuer

frauen
all das sind wir

angst erstickt feuer
das wissen die mächte
der welt

frauen
lassen wir uns nicht mehr einschüchtern
und ergreifen unser feuer

women on fire
jede auf ihre art

Kiel, 24.09.2024

lied für die kinder

ich lade alle vögel ein
um euer lachen zu besingen

ich lade alle schmetterlinge ein
mit leisen melodien zu erklingen

ich lade alle katzen und hunde ein
die dem menschen dienen
und ja all die süße der bienen
um ihre treue zu kennen

ich lade alle fische und wale ein
um gemeinsam in den meerestraum zu springen

ich lade alle korallenwesen ein,
damit sie genesen

ich lade alle verletzten ein
ihr wollen und sehnen zu heilen
und alle heiler um diese sehnsucht ins leben zu heben

ich lade alle armen ein – ihnen das brot zu schenken
und die hoffnung nach vorne zu denken

ich lade alle menschen ein, ihre schätze zu bringen
um mit unseren gaben
für den frieden zu schwingen

ich lade uns menschen ein sich die hände zu reichen
um dieses wunder zu vollbringen

möge all dies uns gelingen

17.10.2024 Kiel Kroog

Anneke Polenski

Die norddeutsche Autorin Anneke Polenski,1961 in Kiel geboren und aufgewachsen, schreibt seit ihrem 8. Lebensjahr. Beruflich ist sie heute als Psychotherapeutin im Kinderschutz-Zentrum-Kiel und in privater Praxis tätig.

Seit 1975 gibt es von ihr Veröffentlichungen in Anthologien, Zeitschriften, Rundfunk, am Kieler Kulturtelefon. Mit 16 Jahren hielt sie ihre erste Lesung, zahlreiche weitere folgten darauf. Als Schülerin bekam sie drei Stipendien für Literatur von der Stadt Kiel. 1981 initiierte sie erstmals eine Schreibwerkstatt und wirkte für 10 Jahre als Dozentin für kreatives Schreiben an der VHS Kiel.

1985 erschien ihr erstes Buch *Im Regenbogenvorderland,* ein Photogedichtband, herausgegeben von dem Photokünstler Leander Segebrecht in Marne.

Mit Lesungen begleitete sie Ausstellungen, sowie Kulturevents im Watt mit bildenden Künstlern der Westküste, erste Berührungen von Poesie und Natur. 1986 folgte die Gründung der Autoren-Lesereihe *Auf der Suche nach Wortraum* in Kirchen, in der Natur und anderen ungewöhnlichen Orten. Als junge Autorin wurde sie zudem von *federkiel ev.* gefördert.

1997 ging sie nach Berlin. Wiederaufnahme der Konzeption und Durchführung von Schreibwerkstätten sowie musikalische Lesungen folgten.

2008 erschien ihr zweites Buch *blaue feder singt*, in dem sich die Naturerfahrungen ihrer mehrjährigen Kontakte zu Schamanen und Medizinfrauen widerspiegeln..

Zurück in Kiel entwickelte sie 2022 ein neues Lesungsformat: meditative Poesie und Klänge aus der Natur, das dem Genre nature writing am ehesten zuzuordnen ist. In Zusammenarbeit mit der Kulturstation *Toweddern* finden in Schleswig-Holstein aktuell Schreibwerkstätten in Kiel statt.

KONTAKT
Anneke Polenski
Kreativ- und Schreibwerkstatt Kiel
040/12853736
polenski@flying-dolphins.de
www.flying-dolphins.de

Coby Körber

Coby Körber wurde in Jakarta, Indonesien, geboren. Seit ihrem achten Lebensjahr lebte sie in den Niederlanden.

Durch die Erziehung zwischen den Kulturen lebte sie aus der Mitte heraus im Hier und Jetzt.

Nach ihrer Schulzeit in den Niederlanden studierte sie in Osnabrück Kunst, Kunstgeschichte, Philosophie und Tanzpädagogik, sowie unter verschiedenen Meistern Tai Chi, Qigong und Yoga. Nach dem Studium lehrte sie selbst Tai Chi, Qigong, Yoga, Ikebana und Kunst in verschiedenen europäischen Ländern. Heute lebt sie als Tai Chi Botschafterin, Lehrerin und Künstlerin in Kiel.

Bildnachweise